Essais Politiques

GALLICANISME

ET

ULTRAMONTANISME

PAR

Le Comte H. DU BRIEUX

Fais ce que dois ; advienne que pourra.

BREST

Imprimerie L. ÉVAIN-ROGER, rue Saint-Yves, 32.

JUILLET 1879

Essais Politiques

GALLICANISME

ET

ULTRAMONTANISME

PAR

Le Comte H. DU BRIEUX

Fais ce que dois; advienne que pourra.

BREST

Imprimerie L. ÉVAIN-ROGER, rue Saint-Yves, 32.

JUILLET 1879

DÉDICACE

Un jour, il n'y a pas longtemps, six dames des plus aimables entreprirent de me ramener à des idées plus sages, plus sensées ; en un mot, de faire de moi un homme bien pensant, selon le monde. Plus tard, j'essaierai d'éclaircir ce débat entre les gens qui pensent bien et les gens qui pensent mal, et de démontrer qu'ils ne sont pas aussi loin qu'on le suppose de penser de la même manière ; il ne s'agit que de s'expliquer et de s'entendre. Ce texte promet, d'ailleurs, des rapprochements curieux.

Pour l'instant, je m'arrête au dessein, fort louable, des honorables personnes qui me voulaient tant de bien, et je leur soumets le résultat de leurs efforts de propagande, en les remerciant d'avoir vaincu mes scrupules et de m'avoir décidé à faire paraître cette petite brochure, que j'ai l'honneur de leur dédier, et les priant d'user de leur crédit pour attirer sur elle les bénédictions du Ciel et les indulgences de l'Eglise ultramontaine.

Cte DU BRIEUX.

INTRODUCTION

Le Catholicisme libéral ! Quelle hérésie ! passible des rigueurs, pour ne plus dire des tortures de la sainte Inquisition. — Mais, autres temps, autres mœurs. La Liberté a marché, et la meilleure preuve, c'est que désormais, sans crainte des San-Benito, chacun peut exprimer sa pensée.

Qu'est-ce donc que la Liberté ? Oh ! répond l'école ultramontaine, il n'y a qu'une liberté : la liberté du Bien, la liberté du Vrai. Nous sommes d'accord ; il s'agit de savoir où est le Bien, où est le Vrai.

Il faut d'abord admettre que chacun est de bonne foi. Aussi, c'est en vain que quelques-uns se retranchent derrière leur prétendue infaillibilité, pour nous imposer leurs doctrines et nous accuser d'entrer en révolte contre une autorité qui nous surpasse en intelligence, en savoir, en lumières.

Nous leur répondrons simplement que Dieu a livré le monde à la discussion des hommes ; que les plus grands esprits se sont quelquefois égarés ; que l'Humanité, même toute entière, pendant des générations et des siècles, a cherché la Vérité en deçà, quand elle était au-delà ; qu'aujourd'hui encore, sans la posséder d'une manière absolue, nous n'en apercevons que les lueurs lointaines qui nous guident vers l'avenir, comme autrefois cette étoile qui précédait les Mages, les conduisait vers l'humble crèche d'où allait rayonner sur le monde païen, sur le monde de l'esclavage et de l'oppression, les idées généreuses de liberté, de justice, de charité et de concorde entre tous les hommes de bonne volonté ; et qu'à ce compte, en définitive, il nous est bien permis de n'écouter que cette intuition, cette voix intérieure qui nous crie le chemin que nous devons prendre.

C'est la voix qui se fit entendre à saint Paul sur la route de Damas. Dieu nous garde de songer jamais à nous élever jusqu'au plus grand des apôtres ; nous avons conscience de notre faiblesse ; mais sa vie elle-même proteste contre l'infaillibilité, puisque sa fin, comme celle de tant d'autres, ne fût que la rétractation de son passé.

Et maintenant, aux âmes charitables qui se font une loi d'aimer leur prochain, mais qu'un zèle religieux mal compris, ou un amour aveugle de la trop grande gloire de Dieu, pousseraient à se détourner de nous en nous jetant l'anathème, nous les engagerions, pour toute représaille et sans ombre de rancune, à méditer quelque peu les chap. XXII et XXIII de l'Evangile selon saint Mathieu.

Ce sera notre unique réponse.

GALLICANISME ET ULTRAMONTANISME

Les Catholiques Gallicans ne demandent à la Société civile que de les protéger dans le libre exercice de leur foi. — Tandis que le parti clérical demande à la société civile de se soumettre aux dogmes du Catholicisme. C'est bien différent.

B. B.

La lutte est engagée, vive et ardente ; les débats sont solennels ; les instants précieux ; il n'y a pas un instant à perdre pour se jeter dans la mêlée et apporter à l'opinion publique qui nous juge, je ne dirai pas le concours de notre infaillibilité, car, ici-bas, elle n'appartient à personne ; mais l'appoint d'une conviction sincère et indépendante, qui pourrait être prise en considération par tous ceux qu'anime le même esprit de liberté de conscience et de justice.

Puisque le temps presse, je vais résumer en peu de lignes une étude, que je développerai plus tard, sur les rapports de la société civile avec la société religieuse.

Quel, est aujourd'hui, le mot d'ordre de la presse ultramontaine ?

Que la République est l'ennemie jurée et déclarée de la Religion Catholique !

D'abord, il y a déjà là une concession ; on n'ose pas dire qu'elle est hostile à la Religion. C'eût été trop absurde et trop téméraire ; et on a soin de se retrancher dans des distinctions subtiles et casuistiques. C'est toujours le fameux « distinguo » des maîtres de l'école ultramontaine. Il y a donc religion et religion, et au dire des adeptes de la théocratie, la République est l'ennemie archarnée de la Religion Catholique.

A son tour, la République ne pourrait-elle pas aussi « distinguer », et dire qu'il y a catholicisme et catholicisme ? Que, si elle repousse le catholicisme ultramontain et clérical, car les deux sont synonymes ; elle est au contraire disposée à défendre et à soutenir le catholicisme gallican et libéral.

Loin d'attaquer la Religion, elle veut au contraire qu'elle soit respectée de tous, quelle que soit sa forme extérieure et apparente, pourvu qu'elle s'exerce dans sa sphère purement spirituelle, et qu'elle ne cherche pas à faire ce mélange sacrilége d'intérêts temporels et religieux, que par tous les moyens possibles le cléricalisme essaie d'imposer, oubliant que le Christ a dit que son royaume n'était pas de ce monde et qu'il fallait rendre à César, c'est-à-dire à la politique, ce qui est à la politique ; et à Dieu, c'est-à-dire au spirituel, ce qui est à Dieu.

Qu'est-ce, en définitive, qu'un peuple ? Un assemblage de familles, d'unités, dont l'intérêt général se règle comme celui d'une famille. Et dans une famille, je le demande, qu'ont de commun les soucis de l'économie domestique, des dépenses budgétaires, avec les intérêts de conscience de chacun des membres de cette famille ? Est-ce qu'autour de la même table, vous ne voyez pas des divergences d'opinion, bien que l'accord soit unanime sur les questions touchant à l'administration intérieure ? A quoi se résume la politique ? A faire de bonnes finances, c'est-à-dire à savoir bien calculer ; et je ne sache pas que pour cela il soit nécessaire de s'appuyer sur un dogme, ou alors les Juifs seraient nos maîtres.

La lutte que nous engageons donc contre l'ultramontanisme nous est même tracée par l'esprit de l'Evangile ; et, en défendant et en soutenant le gallicanisme, nous ne faisons qu'obéir à la pensée des premiers apôtres et garder la Foi de nos pères qui, leurs Rois en tête, à commencer par saint Louis, dont l'Eglise à pourtant fait un saint , se sont constamment opposés aux empiétements de la Cour Pontificale, lorsqu'elle cherchait à subordonner l'élément temporel à l'élément spirituel.

En vain on cherche à confondre les intérêts de l'ultramontanisme avec ceux de la Religion. Personne ne s'y trompe que ceux qui le veulent bien. Pour l'honneur du catholicisme, l'immense majorité des fidèles reste sincèrement attachée à ces libertés gallicanes , qui ont contribué à la grandeur de notre Eglise nationale ; et si elle repousse l'autocratie du Pape, elle admet sa suprématie, indiscutable et indispensable à l'unité de Foi, et sur ces principes, elle ne s'écartera pas de la voie suivie par ses ancêtres.

En vain les ultramontains tentent d'absorber à leur profit l'Eglise universelle ; ils ne forment dans cette Eglise qu'un petit noyau, une secte, une école, une cabale. Si le troupeau, par docilité et habitude, suit les chefs, il n'en partage pas ni l'intolérance ni le fanastisme, à part quelques rares exceptions. Aussi, pour faire croire à l'importance de leur nombre, les ultramontains se remuent beaucoup. A l'exemple des Scribes, des Docteurs de la Loi et des Princes des Prêtres, ils entrent en lutte avec l'esprit même de l'Evangile, qui a prêché la douceur et la charité, tandis que leur doctrine n'est saturée que de fiel et de fanatisme ; et, parce qu'ils ont capté la confiance du Souverain Pontife, ils se disent les représentants des apôtres !

Mais le peuple, avec son gros bon sens, ne se laisse pas prendre à leurs piéges ; et, sous toutes leurs manifestations pour défendre la Foi menacée, disent-ils même, il devine autre chose que les intérêts du Ciel.

Ne lui dites pas que la République est l'ennemie déclarée de la Religion et qu'elle n'en cherche que la déconsidération et la ruine ; il ne vous croirait pas. Il sait bien que ce n'est pas à la religion qu'on s'attaque, mais aux excès commis en son nom, et il applaudira chaque fois qu'on battra en brèche ce fanatisme insensé, qui voudrait asservir les consciences et nous réduire à l'état de machines, parce que des hommes prétendus infaillibles ont poussé le mépris des facultés les plus nobles que nous tenons de la munificence divine, jusqu'à torturer le bon sens et la raison, pour nous imposer le « *credo quia absurdum.* »

De toute notre énergie, nous repousserons ces funestes suggestions, et nous nous appliquerons à démontrer que la Religion, bien comprise, est au contraire la sauvegarde des institutions républicaines ; car, avant nous, de bons et sages esprits ont reconnu que, si l'honneur est la base des monarchies, la vertu doit être celle des Républiques. En effet, puisque sous ce régime l'homme est appelé à acquérir la plus grande somme d'indépendance, d'initiative et de responsabilité, il est nécessaire, pour le rendre digne de cette liberté et le mettre à même d'user de ses droits dans la plénitude de son libre arbitre, de l'affranchir au préalable de la plus lourde des servitudes, c'est-à-dire du joug des passions.

Cette mission n'appartient-elle pas incontestablement à la Religion et à ses Ministres? et à ce titre ne leur devons-nous pas respect et soumission? Mais, en échange et à leur tour, ne doivent-ils pas se renfermer strictement dans leur mission morale et évangélique? L'Eglise, telle que nous la comprenons, a donc charge d'âmes; elle a pour but de travailler à leur perfectionnement, à leur épuration, et de combattre tous les vices que réprouve la morale.

Elle doit, ce qu'oublie souvent l'école ultramontaine, flageller l'esprit de révolte et d'indiscipline; prêcher le respect et la soumission à l'autorité légalement établie, comme le faisaient les premiers chrétiens, sous un gouvernement cependant idolâtre; enseigner à chacun ses devoirs envers Dieu, envers la Société, envers soi-même; et, par ce gouvernement tout spirituel, prêter un concours efficace au pouvoir séculier, qui pourra, au profit de la liberté, diminuer d'autant plus ses mesures coërcitives, que l'Eglise, par ses enseignements et son exemple, aura atténué la violence des passions humaines.

Ainsi donc, au lieu d'attiser les haines et la discorde, la Religion doit s'efforcer, comme l'a dit Mgr de Gap, de répandre l'esprit de conciliation et de Charité. C'est ainsi que nous avons toujours compris l'autorité religieuse, complètement séparée et distincte de l'autorité civile, agissant chacune dans leur sphère, pour concourir à une action commune, savoir: amélioration de notre état social, d'un côté par notre perfectionnement moral dont le soin appartient à l'Eglise, et de l'autre par le progrès de nos institutions politiques, dont l'Etat seul possède l'initiative.

Telle était aussi la doctrine de l'Eglise primitive, conforme à celle du Christ qui déclarait que « son royaume n'était pas de ce monde ; » doctrine soutenue et défendue par nos pères et nos anciens Rois contre les envahissements de la papauté, et confirmée du reste par la déclaration de 1682, signée par tous les prélats du clergé de France, et dans laquelle il est expressément dit : « que la puissance des Rois, c'est-à-dire temporelle, n'est » point soumise à la puissance ecclésiastique, de peur que, si la » puissance spirituelle *paraissait* entreprendre (le soupçon même » doit être écarté) quelque chose au préjudice de la puisssance » temporelle, la tranquillité publique n'en fût altérée. »

Comme on le voit, c'est tout le contraire du Syllabus, qui voudrait suborbonner la puissance civile à l'autorité religieuse ; d'où il faut conclure que l'ultramontanisme et le cléricalisme, qui s'appuient sur le Syllabus, sont en flagrante hostilité contre la Religion de nos pères, le vrai catholicisme, étayé sur les libertés gallicanes. En effet, que veulent les ultramontains ? Répudier les libertés de notre Eglise pour constituer un césarisme religieux, aussi fatal à la Religion que le césarisme politique l'est à l'Etat lui-même ; car les deux ont pour corollaire, ou le fanatisme, ou le despotisme, c'est-à-dire la négation de toute justice et de toute charité.

On ne saurait s'écarter davantage de la voie tracée par l'Evangile, ce code par excellence de la démocratie spirituelle ; car, ainsi que l'a dit un de nos prélats, hostile cependant à la République : « la démocratie vraie, moins les vices et les défauts » qui la rendaient souvent terrible chez les anciens, est la

» conséquence de la transformation radicale universelle opérée
» dans le monde par la doctrine de l'Evangile. »

En effet, les apôtres sortis du peuple, en apportant au monde
païen la liberté basée sur les sentiments de l'égalité et de la
charité, ont fondé la société chrétienne sur des institutions
essentiellement démocratiques ; et, pour s'en convaincre, il
suffit de se reporter à l'organisation de la société religieuse des
premiers siècles de notre ère. Ainsi donc, dès l'origine du
christianisme, la société religieuse était réellement constituée
en démocratie, en République; en douter, serait renier
l'Evangile lui-même. Or, il arriva, qu'au lieu de rester fidèle
à cette tradition des apôtres, l'Eglise, au contact des gouverne-
ments monarchiques, répudia peu à peu son origine plébéïenne,
pour se livrer aux tendances aristocratiques; tandis qu'au
contraire, la société civile issue d'un gouvernement despotique
marchait vers la démocratie, en écartant chaque jour les
préventions et les obstacles qui barraient sa route; de sorte que,
par ces deux mouvements contraires, nous arrivons aujourd'hui
à un désaccord complet entre la société civile et la société
religieuse, tandis qu'elles auraient dû se retrouver sur le même
terrain, si l'Eglise était restée fidèle à la constitution démocratique
de son origine.

Ce désaccord est-il irrévocable? Nous ne le pensons pas ; et il
suffirait du retour sincère de l'Eglise à la tradition plébéïenne
des apôtres, à l'esprit démocratique de l'Evangile, pour opérer
une réconciliation durable entre l'élément civil et l'élément
religieux qui, dans ces conditions, loin d'être incompatible avec

les aspirations modernes, les favoriserait en contenant leur expansion dans la limite d'une sage et juste mesure.

Pour résumer, nos attaques contre le cléricalisme ne s'adressent ni à la Religion ni à ses Ministres, mais aux adeptes du Syllabus, c'est-à-dire de l'écrasement moral et intellectuel ; aux imprudents qui ont fait litière de nos libertés religieuses. Certes, on objectera que tous les prélats, suivis de leur clergé, ont fait leur soumission à ces doctrines. A Dieu seul il appartient de sonder leurs cœurs et leurs reins. Or, quiconque professe une estime sincère pour le clergé français, quiconque a souci de la dignité et de l'indépendance de l'Eglise nationale, sans vouloir cependant l'arracher à la suprématie de Rome ni rompre l'unité catholique, doit désirer et défendre, dans l'intérêt même du clergé, le maintien des libertés gallicanes, qui autrefois trouvèrent d'énergiques défenseurs dans Gerson, l'abbé Fleury, Bossuet et, de nos jours, parmi tant d'autres illustres prélats, après lesquels on ne peut que se faire un titre d'honneur de soutenir les mêmes principes.

On peut donc affirmer que les ennemis du cléricalisme, mais sincèrement gallicans et libéraux, sont en réalité les seuls vrais amis du clergé et les défenseurs de son indépendance, sans laquelle il ne peut que tomber dans le discrédit et l'impopularité.

Il est donc permis d'être anti-clérical et de défendre les franchises du clergé contre les empiètements ultramontains, et en cela on ne fait que suivre l'exemple que saint Louis lui-même nous a laissé !

Cte DU BRIEUX.

AVIS

Mes brochures ne sont tirées qu'à un petit nombre d'exemplaires destinés à mes connaissances. Je me contente de voleter dans un cercle assez restreint, n'étant pas encore assez sûr de mes ailes pour m'élancer dans l'espace et affronter la publicité ; car, que pourrait un pauvre petit passereau exposé aux serres cruelles des oiseaux de proie ?